Autores:

PABLO ERICE DOMÍNGUEZ
ISAAC LÓPEZ LAVAL

OPTIMIZACIÓN DEL RENDIMIENTO DEPORTIVO

DEPORTIVO

BASES CIENTÍFICAS DEL PERIODO TAPER EN JUDO

WANCEULEN Editorial

WANCEULEN EDITORIAL DEPORTIVA

Título: OPTIMIZACIÓN DEL RENDIMIENTO DEPORTIVO

Autores: PABLO ERICE DOMÍNGUEZ e ISAAC LÓPEZ LAVAL

Editorial: WANCEULEN EDITORIAL
Sello Editorial: WANCEULEN EDITORIAL DEPORTIVA

ISBN (Papel): 978-84-9993-986-5
ISBN (Ebook): 978-84-9993-987-2

DEPÓSITO LEGAL: SE 480-2019

Impreso en España. 2019

WANCEULEN S.L.
C/ Cristo del Desamparo y Abandono, 56 - 41006 Sevilla
Dirección web: www.wanceuleneditorial.com y www.wanceulen.com
Email: info@wanceuleneditorial.com

ÍNDICE

DEDICATORIA

"Mira, Pablo, fíjate cómo defiende tu hermano. Es capaz de morder el tatami para que no le tiren. Tienes que aprender a sufrir así"

Luis Miguel Erice Zunzarren (1959-2003)

"Nuestra profesión debe cimentarse en la pasión mucho antes de empezar con nuestra formación".

Tras 15 años dedicándome al mundo del alto rendimiento deportivo me he dado cuenta que la pasión que sientes por este trabajo es el soporte que te da fuerzas para seguir adelante temporada tras temporada. Las presiones, los intereses de algún entrenador, jugador e incluso director deportivo te llevan al agotamiento físico y mental que desemboca en ese maldito día que debes de decir basta. Los intereses de determinados círculos que rodean al deporte y que son totalmente ajenos a tu formación y a tu desempeño profesional consiguen que esa ilusión de la que hablamos pierda fuerza y haga que te replantees muchas cosas de este maravilloso y maldito mundo que es el deporte profesional. ¿Y ahora qué?

Tener la suerte de trabajar con un "selecto" grupo de alumnos que deciden por iniciativa propia el elegir una asignatura llamada "Optimización del Rendimiento Deportivo" y que no son otra cosa que futuros profesionales que empiezan a tener el "veneno" y la pasión del entrenamiento en sus venas, hace que esa ilusión, que en algunas ocasiones ha sido dubitativa, vuelva a crecer cada día con más fuerza cada vez que aparece un tema de debate o una propuesta para llevar a cabo. Ahora nadie sabe más que nadie, solo se propone, se estudia, se debate y se intentan dar herramientas para que ellos sean críticos y potenciadores de sus conocimientos.

Pablo, ¿por qué no haces esto?... este manual no es otra cosa que la necesidad de uno de esos alumnos que en algún momento decidió que lo que le habían enseñado en la carrera no era conocimiento suficiente para cubrir uno de los problemas con los que se encontraba temporada tras temporada con sus deportistas. Y gracias a este problema surgió este trabajo.

Si algo más puedo decirte es que seas capaz de alejarte de todos esos elementos que te pueden debilitar, pero como he leído por aquí no hace mucho: "muerde el tatami si es necesario para que nadie te quite tu pasión".

Isaac López Laval

PRÓLOGO

La pasión que siento por el judo como forma de vida y deporte, y la filosofía que supone ser entrenador y preparador, son la guía de mi proceso de reflexión y desarrollo. Mi formación profesional me hizo tener la necesidad de conocer a fondo lo que nos dice la ciencia al respecto de la planificación y optimización del rendimiento físico en un deporte como el judo. La escasa presencia de textos que relacionen la planificación y entrenamiento específico orientado a mi competencia profesional son la semilla que ha dado fruto a este manual.

Considero la planificación del entrenamiento deportivo como el proceso mediante el cual se organizan, en tiempo y forma, los aspectos a desarrollar en nuestros atletas en miras de incrementar al máximo su rendimiento y alcanzar los objetivos propuestos. Dentro de ella, existen diversos periodos, uno de los cuales es el periodo taper; objeto de estudio de este trabajo. Para cumplir nuestra labor y obligación como entrenadores, hemos de dominar, y diariamente actualizar, las bases teóricas y prácticas sobre las que se asienta nuestra profesión. Este es pues, el verdadero objetivo de nuestro trabajo; conocer el estado actual sobre la planificación del periodo taper en un deporte como es el judo.

La literatura nos marca la necesidad de programar este periodo del entrenamiento para optimizar el rendimiento en nuestros deportistas. El mantenimiento de la intensidad y la frecuencia, con reducciones en el volumen, parece ser la fórmula más adecuada. No obstante, hay que tener en cuenta siempre, la individualidad de cada atleta.

Pablo Erice Domínguez

1. INTRODUCCIÓN

La planificación del entrenamiento deportivo desde la base, es primordial si queremos que el deportista pueda alcanzar su máximo rendimiento cuando llegue al final de su desarrollo biológico. No será posible si no somos minuciosos en la estructuración del entrenamiento en cada etapa evolutiva de nuestros atletas (Legaz, 2012). Autores como Campos y Cervera (2011, p. 25), se refieren al concepto de planificación como "aquel que permite orientar la preparación del deportista de acuerdo con una estrategia de elaboración progresiva en el tiempo con la finalidad de conseguir el mayor desarrollo posible de la forma deportiva", señalando la capital importancia del concepto de temporalidad que encierra el proceso. Queda en manos de los profesionales, ser precisos, originales, eficaces y eficientes a la hora de diseñar los programas de entrenamiento.

Por supuesto, no somos los entrenadores los únicos responsables del posible rendimiento que una persona puede alcanzar. Existen diversos factores, además de nosotros, que son determinantes para que un deportista de alta competición pase a ser de alto rendimiento (aspectos parecidos, pero no iguales) (García, 2012). La genética, quizá el más definitivo de ellos, el entorno familiar y de entrenamiento, el reconocimiento social, las ayudas económicas y las condiciones de vida, los medios físicos, humanos y tecnológicos disponibles para entrenar, las perspectivas de futuro (Sánchez Bañuelos, 2003; citado en Legaz, 2012), entre otros, son condicionantes igualmente importantes. No obstante, en todo este entramado de elementos de los que depende el rendimiento de un atleta, el entrenador aparece como uno fijo y ha de saber coordinarlos todos. Algunos autores (Kendal y Williams, 2007) señalan que la relación entre entrenador y deportista es considerado como uno de los aspectos más relevantes para alcanzar el éxito deportivo.

Dentro de este complejo y nunca inamovible proceso de planificación, existen diferentes periodos que debemos de organizar para optimizar el rendimiento en una determinada prueba o competición un día/s concreto/s. Existen diversos y variados modelos de planificación: tradicional, contemporánea, modelo en bloques, macrociclo integrado, acentuación sucesiva, planificación inversa... con aplicación de cargas regulares, acentuadas, intensificadas, diluidas, concentradas... (Campos y Cervera, 2011; García, 2012; García, Navarro y Ruiz, 1996). No obstante, todos ellos sin excepción, persiguen el mismo objetivo último; *rendir el día de la competición señalada.*

La utilización de un tipo de planificación u otra será dependiente del deporte, de las competiciones, de los objetivos que tengamos marcados (Campos y Cervera, 2011), la edad, entrenamiento previo del deportista, los medios materiales y humanos disponibles, la capacitación del entrenador para llevar a cabo uno u otro modelo con garantías, el tiempo que dispongamos para entrenar, instalaciones, vida personal, familiar y laboral de los deportistas... Es por ejemplo habitual (Campos y Cervera. 2011, p. 56) que en etapas de formación, "a medida que prima el desarrollo sistemático de las capacidades específicas, las cargas de entrenamiento y el aumento de la actividad competitiva" se trabaje con modelos tradicionales como el de Matveyev, y que una vez los deportistas alcanzan su madurez, haya que concentrar las cargas para poder obtener mejoras que por la otra vía son ya inalcanzables. Como ya señalaba Platonov (1984, p. 35), "la adaptación es tanto más específica cuanto más elevado es el nivel del entreno del atleta. En los deportistas jóvenes, ejercicios centrados en el desarrollo de una cualidad motriz mejoran igualmente a las demás. Esto ya no se produce en los atletas altamente cualificados".

Uno de los periodos integrantes de la planificación es el denominado taper o tapering que ocupa el último lugar dentro de la programación en los días previos a las competiciones importantes. Tanto, su duración como características son variables dependiendo del deporte del que se trate, del deportista, del periodo previo de entrenamiento, del tiempo entre competiciones, de la relevancia de la competición... No obstante, existen también ciertas directrices que independientemente de la disciplina que nos ocupe, van a servirnos como referencia en nuestra labor de guías del deportista.

Trataremos a continuación de abordar todos estos conceptos a fondo.

2. OBJETIVOS Y COMPETENCIAS DEL TRABAJO

En los apartados siguientes trataremos de dar sentido a los siguientes aspectos:

1. Profundizar en el concepto de taper teniendo en cuenta las últimas aportaciones de la literatura científica.

2. Realizaremos una revisión de lo escrito, atendiendo a un deporte tan específico como es el Judo, y trataremos de plantear una propuesta de planificación de este periodo con la intención de que nuestros judocas maximicen el rendimiento en sus periodos competitivos.

Los objetivos, a desarrollar con la realización de este manual tratarán de:

1. Reunir e interpretar datos relevantes para emitir juicios que incluyan una reflexión sobre temas relevantes de índole social, científica o ética.

2. Transmitir información, ideas, problemas y soluciones a un público que está en contacto directo con el atleta.

3. Planificar, desarrollar y controlar el proceso de entrenamiento en los distintos niveles y la realización de programas de actividades físico-deportivas.

4. Comprender la literatura científica del ámbito de la actividad física y del deporte.

3. MARCO CONCEPTUAL

3.1. El judo: factores de rendimiento.

El judo es un arte marcial japonés que nace como método pedagógico y deviene poco a poco en deporte, convirtiéndose en olímpico en los Juegos Olímpicos de Tokio de 1964.

Algunos autores como A, Legaz (2012) definen el judo como un deporte intermitente de combate caracterizado por movimientos no determinados en los que se requiere un alto grado de movilidad articular (flexibilidad) para el rendimiento. Por su parte, Agostinho et al. (2015); Calmet et al. (2012), lo definen como un deporte de combate de agarre en el que los atletas realizan múltiples esfuerzos intermitentes de alta intensidad para obtener una ventaja competitiva al proyectar al oponente contra el suelo, o ejercer control sobre el adversario a través de una inmovilización, luxación o estrangulación.

El judo de competición (aun cuando no se ejecuta a nivel olímpico) es un deporte de elevada exigencia física, técnica, táctica y psicológica (Degoutte et al 2003; Franchini et al, 2008 y García et al 2012). Presenta una serie de características y peculiaridades propias cuya complejidad se ve incrementada con la división por pesos. Es por ello que autores como Artioli, Del Vecchio, Franchini y Matsushigue (2011) destacan el bajo porcentaje de grasa que muestran los judocas a pesar de su gran volumen muscular, con la excepción de los más pesados (categoría de más de 100 kg).

Legaz (2012) apunta que para el desarrollo y optimización de los factores específicos de cualquier disciplina deportiva es necesario desarrollar lo que él denomina factores básicos de rendimiento. Otro autor (Bompa, 2016) alude a esta idea como factores directos (entrenamiento y evaluación) y factores de soporte (estilo de vida, actividad profesional y condiciones económicas). Sea como fuere, en el caso del judo, destacamos los siguientes (Baioumy et al, 2016; Castarlenas et al, 1997; García 2012 y Legaz, 2012):

- o *Capacidad aeróbica*: sin ser necesario poseer un consumo máximo de oxígeno (VO_{2max}) muy elevado, valores entre 60 y 45 ml/kg/min son requeridos (Artioli et al., 2011), la capacidad aeróbica se hace necesaria para la recuperación entre esfuerzos, entre combates y cuando el combate se alarga (por ejemplo, cuando se llega a la técnica de oro) (Candau, et al, 2013). Asimismo, un mayor VO_{2max} (dentro de los valores mencionados) va a permitirnos una más rápida resíntesis de fosfocreatina (Candau et al, 2013) y una mayor aclaración del ácido láctico para los posteriores esfuerzos de alta intensidad (Milosevic et al, 2009).

- o Las dos vías de desarrollo de la *fuerza dinámica máxima*; hipertrofia (según categoría de peso y deportista) y fuerza máxima (vía neural) van a permitirnos, según García (2012) y Carratalá et al

(2000) optimizar la potencia y la resistencia a la misma (factores específicos).

o La base de la flexibilidad dinámica o activa es la flexibilidad estática o pasiva (Legaz, 2012 y García, 2012). Mejorando las bases de movilidad pasiva, podremos mejorar la activa, que se presenta en el judo como un factor clave para el rendimiento.

La duración de los combates (4 minutos a partir de la categoría junior) con un tiempo inferior si algún contendiente marca "ippon" o con una duración mayor si se llega a un empate al final, presentan una relación de trabajo pausa que suele ser 25 ± 5:5-10 s (Artioli et al. 2011). Estas secuencias tan cortas de trabajo y de tanta intensidad (muy a menudo máximas) hacen que en el organismo se acumule una muy importante cantidad de ácido láctico y como apuntan Castarlenas y Solé (1997) y García (2012), su aclaración y tolerancia pueden marcar la diferencia en el rendimiento entre un atleta y otro.

La resistencia a la fuerza general y la resistencia a la fuerza de la musculatura prensora del antebrazo se presentan como factores que pueden ser limitantes para el rendimiento y resultan necesario desarrollar (García, 2012). En concreto, este autor, marca los aspectos en los que influye directamente la pérdida de fuerza de prensión manual como la pérdida de control del oponente por falta de fuerza en el agarre (kumikata) que impide desarrollar las técnicas de proyección correctamente; disminución de la percepción kinestésico-táctil, disminuyendo la coordinación intermuscular con el consiguiente deterioro técnico que supone una ventaja para el rival. Si la fatiga es muy grande será imposible la recuperación para los siguientes combates (García, 2012).

Varios de los autores señalados (Legaz, 2012, García, 2012, Carratalá et al., 2000) marcan la potencia o fuerza explosiva y la resistencia a la misma como dos de los factores más importantes para el rendimiento. En concreto, García (2012), hace alusión al concepto de *fuerza útil* acuñado por González-Badillo y Gorostiaga en 1993 y 1995 (González-Badillo y Ribas, 2014). La fuerza útil, se define como la fuerza aplicada en el gesto específico de competición. En judo, su manifestación se optimiza debido al equilibrio entre la fuerza explosiva, la resistencia a la fuerza explosiva y la resistencia a la fuerza lactácida del judoca (García, 2012). Para este autor, este equilibrio es determinante entre la diferencia de rendimiento de unos y otros competidores. Es importante señalar la necesidad de trabajar toda la curva fuerza-tiempo. Las diferentes fases dentro de un combate y de las proyecciones, exigen aplicar dicha fuerza en distinta temporalidad. Por ejemplo, durante la fase de kuzushi para realizar una proyección (desequilibrio del adversario), el tiempo de aplicación de fuerza es mayor que durante el kake (fase de proyección) o cuando tienes que reaccionar ante una acción del oponente. Legaz (2012), añade la capacidad anaeróbica aláctica y la resíntesis de fosfocreatina para permitir al atleta desarrollar mayor número de acciones de alta intensidad.

Por último, hay que destacar el papel tan importante que juegan los factores motrices e informacionales; es decir, los mecanismos de percepción, decisión y ejecución. Cada acción puede desencadenar un resultado de victoria o derrota. Esto hace que los tres mecanismos aparezcan como determinantes (Legaz, 2012).

3.2. Planificación en judo

La planificación del entrenamiento presenta diferentes modelos. No obstante, García (2012), nos marca que los más utilizados en judo son: la periodización tradicional, la acentuación sucesiva, el modelo ATR y el macrociclo integrado. Se exponen a continuación de modo esquemático los aspectos más relevantes de cada uno de los modelos.

3.2.1. Planificación tradicional en judo

Está basada, como bien señala García (2012), en el modelo clásico de Matveyev (1964). Se caracteriza por la división de la temporada en 3 periodos: periodo preparatorio, periodo competitivo y periodo de transición.

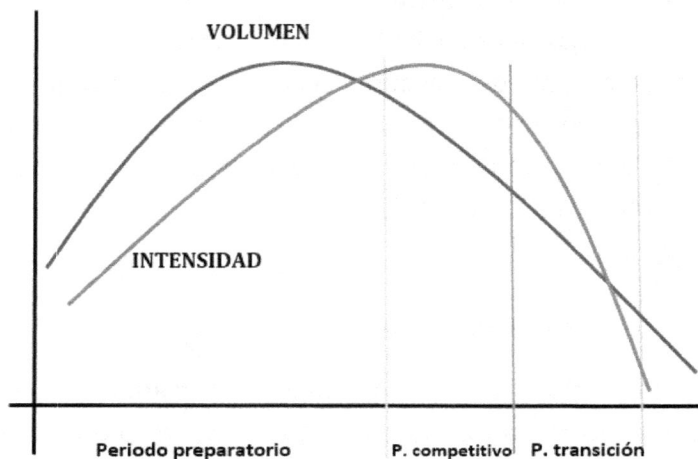

Figura 1: Esquema de planificación tradicional (elaboración propia).

Este sistema ha recibido críticas debido a que no se ajusta a las demandas de competidores de alto nivel. El motivo de la crítica es "la necesidad de una aproximación cualitativa del entrenamiento ante la presencia prioritariamente cuantitativa del modelo tradicional de organización del entrenamiento" (Navarro, 1993; citado en García, 2012, p. 137).

En judo, este modelo se utiliza principalmente para deportista de nivel intermedio y principiantes, que poseen poco bagaje en el entrenamiento. Para deportistas de alta competición y alto rendimiento se utilizará una periodización contemporánea (García, 2012).

3.2.2. Planificación contemporánea en judo: ATR

Modelo de planificación contemporánea propuesto por Issurin y Kaverin (1986; en García et al. 1996). Dentro del Judo se considera como el más expandido para aplicarlo en situaciones de alto rendimiento deportivo (García, 2012). Las siglas ATR hacen referencia a acumulación, transformación y realización, propias de los mesociclos de este tipo de periodización. Este modelo se caracteriza principalmente por la renuncia a la simultaneidad en el entrenamiento de varias cualidades. Plantea objetivos sucesivos por medio de la concentración de cargas de trabajo, basándose en el efecto residual de las diferentes capacidades trabajadas y obteniendo las mejoras por el efecto de la supercompensación de tipo acumulativo. Las capacidades que poseen mayor efecto residual se trabajarán más lejos de la competición y sirven de base para optimizar las de mesociclos posteriores. Este sistema se adecúa perfectamente a las demandas del judo y es bien tolerado por los judocas (Aoki, Drago, Franchini, Marques y Moreira, 2017).

Tabla 2: Duración del efecto residual de las diferentes capacidades tras cese de entrenamiento.

Capacidad	Duración efecto residual (días)	Fundamento fisiológico
Resistencia aeróbica	30 ± 5	Incremento encimas aeróbicas. Mayor número de mitocondrias y densidad capilar. Mayor capacidad de la hemoglobina. Mayores depósitos de glucógeno y mayor ratio de oxidación de grasas.
Fuerza máxima	30 ± 5	Mejora de mecanismos neurales y aumento de la hipertrofia debido principalmente a cambios en la fibra muscular.
Resistencia anaeróbica glucolítica – fundamental para el judo	18 ± 4	Aumento del número de enzimas anaeróbicas. Aumento de depósitos de glucógeno y capacidad de tamponamiento del ácido láctico. Mayor tolerancia a concentraciones más altas de lactato.
Resistencia a la fuerza	15 ± 5	Mayor hipertrofia de fibras tipo I. Mejora de enzimas aeróbicas-anaeróbicas. Mejora del aclaramiento y tolerancia del ácido láctico.
Máxima velocidad	5 ± 3	Mejoras neuromusculares, incremento depósitos de fosfocreatina.

Figura 2: El efecto residual como fundamento de la planificación ATR (elaboración propia) Datos extraídos de Sikorsky et al. (2011)

3.2.3. Planificación acentuada en judo: Acentuación sucesiva

Mesoc	Básico	Espec	Comp.	Básico	Espec	Comp.	Básico	Espec	Comp.
Nivel	Básico			Específico			Competitivo		
Macro	1º Macrociclo			2º Macrociclo			3º Macrociclo		

Figura 3: Esquema modelo acentuado (elaboración propia).
Datos extraídos de García et al. (2012)

Este modelo supone un paso intermedio entre las cargas regulares y concentradas. Se basa en la acentuación de los trabajos específicos durante todo el año. Como se puede apreciar, se presenta 3 macrociclos en los que se dan los 3 niveles de entrenamiento. La intensidad va incrementando del primero al tercero, repitiéndose los contenidos en los tres, con mayor intensidad en el competitivo.

Asimismo, la predominancia de contenidos básicos, específicos y competitivos en cada uno de los macrociclos irá alternando según nos ocupe. Teniendo mayor presencia cada uno de ellos en el macrociclo del que recibe su nombre. Es el más difícil de llevar a cabo, pero es altamente recomendable en judocas en transición a la élite (García, 2012).

Contenidos a desarrollar:

Macrociclo 1: capacidad aeróbica y eficiencia aeróbica. Fuerza vía hipertrofia. Flexibilidad.

Macrociclo 2: resistencia aeróbica-anaeróbica. Fuerza máxima vía neural. Velocidad específica y trabajo técnico-táctico.

Macrociclo 3: requisitos específicos de la competición y óptimo estado de excitabilidad.

3.2.4. El Macrociclo Integrado

Modelo propuesto por Navarro en 1990 (García et al., 1996). Está compuesto por diferentes macrociclos y posee la peculiaridad de que cada uno de ellos contempla todas las necesidades de entrenamiento que necesitan a lo largo de una temporada (García et al., 1996, p. 138). Tal y como señala García (2012), se trata de un modelo que se usa en judo cuando existen tres o cuatros competiciones importantes en una temporada o cuando las dos competiciones importantes están próximas en el calendario. Es adecuado para mantener el estado de prestación competitivo durante todo el año.

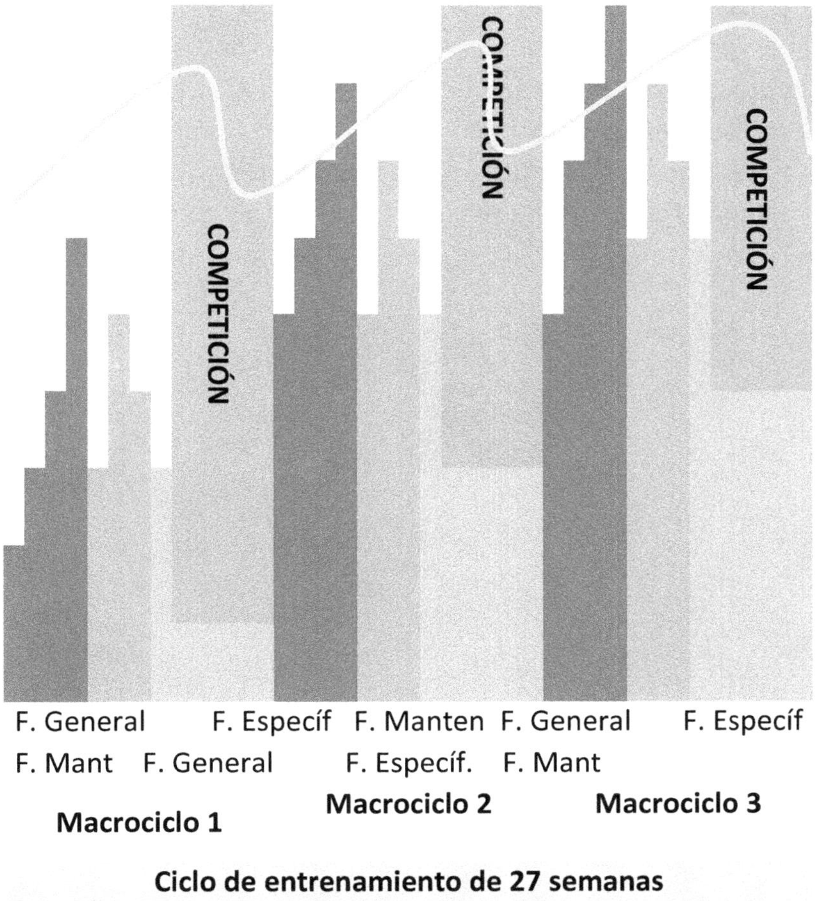
COMPETICIÓN
COMPETICIÓN
F. General
F. Específ
F. Manten
F. General
F. Específ
F. Mant
F. General
F. Específ.
F. Mant
Macrociclo 1
Macrociclo 2
Macrociclo 3
Ciclo de entrenamiento de 27 semanas

Figura 4: Macrociclo integrado. Imagen original: García et al. (1996).

Independientemente del modelo que elijamos, las semanas previas a las competiciones importantes serán ocupadas por un periodo temporal específico que busca la máxima potenciación de los elementos desarrollados en el proceso de entrenamiento. Conocido como periodo taper, trataremos de asentar unas bases teóricas que hagan que esta fase preparatoria sea la más científica y correcta posible.

4. EL TAPER

El taper es un periodo de la planificación del entrenamiento que ocupa los días previos a las competiciones importantes. Su diseño es de vital importancia si queremos obtener óptimos resultados en la competición. Como señalan Mujika y Padilla (2003, p. 1182), "no hay una fase de entrenamiento durante la cual los entrenadores sean más inseguros acerca de las estrategias de entrenamiento más adecuadas para cada atleta individual, ya que a menudo se han basado casi exclusivamente en un enfoque de ensayo y error".

Sin embargo, las investigaciones de diferentes autores en algunas disciplinas (Arvisais et al, 2007; Baioumy et al 2016; Gleeson et al, 2013; Mujika y Padilla, 2000; Sikorsky, 2011), van estableciendo pautas para que la difícil labor a la que nos enfrentamos los entrenadores no resulte tanto una intuición como una ciencia.

4.1. Definición de taper

El taper ha sido definido por muchos autores. Burnham et al, (1992) lo definen como una técnica especializada de entrenamiento físico diseñada para revertir la fatiga sin perder las adaptaciones. Por su lado, Yamamoto (1988; citado en Mujjika y Padilla, 2003), se refiere a él como el periodo de disminución en el nivel de trabajo al que el competidor se somete durante la práctica para descansar y prepararse para un buen rendimiento. Cipriano et al. (1992) nos hablan de una reducción del entrenamiento previa a la competición. Houmard y Jhons (1994) se refieren a este periodo como una fase de reducción progresiva e incremental, de entre 7 y 21 días, previos a la competición. Basadas en todas ellas encontramos la de Mujika y Padilla (2003, p. 1183): quizás la que aporte una visión no solo conceptual del periodo sino también científica: "reducción progresiva no lineal de la carga de entrenamiento durante un período variable de tiempo, en un intento por reducir el estrés fisiológico y psicológico del entrenamiento diario y optimizar el rendimiento deportivo".

De todas ellas extraemos la nuestra propia, hablando de esta fase del entrenamiento como el periodo de preparación del deportista previo a una competición importante, que supone una reducción variable de la carga de entrenamiento, durante un periodo de tiempo igualmente variable que persigue el objetivo de reducir la fatiga y optimizar el rendimiento sin perder las adaptaciones conseguidas.

4.2. Tipos de taper

Según la literatura científica encontramos 4 opciones diferentes de llevar a la práctica un periodo taper atendiendo a cómo se plantea la reducción de la carga aplicada (Mujika y Padilla, 2003): lineal, exponencial (de caída lenta o rápida) y escalonado.

TIPOS DE TAPER

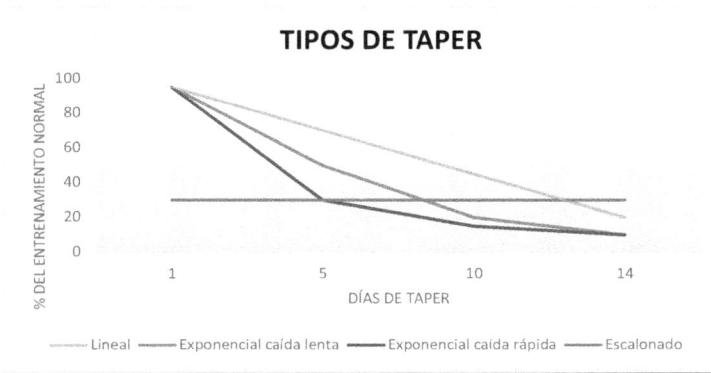

Figura 5: Tipos de taper (elaboración propia) Imagen de referencia: Mujika y Padilla (2003)

○ **Taper lineal**: la carga de entrenamiento se reduce de forma sistemática y lineal y por lo general, implica una carga de entrenamiento total más alta que otros modelos.

○ **Taper exponencial**: la carga de entrenamiento se reduce en un orden sistemático y exponencial. En función de la velocidad a la que apliquemos dicha reducción tendremos:

1) *Exponencial de caída rápida*: disminución rápida de la carga.

2) *Exponencial de caída lenta*: disminución más lenta de la carga.

○ **Taper escalonado**: reducción de la carga brusca e igual durante todo el periodo.

○ **Cese de entrenamiento:** se puede incluir como otro tipo de taper. Con él, se han mostrado mejoras en los niveles de fuerza máxima y potencia, así como menores niveles de fatiga en los deportistas (Barnes et al, 2018a; Bullen et al., 2004).

Respecto a la conveniencia de usar un modelo u otro, existe un estudio realizado con triatletas que concluye que la reducción exponencial presenta mejores resultados que el taper escalonado; y que, dentro del primero, el de caída rápida proporciona mejores resultados que el de reducción lenta (Banister el al, 1999). Estos resultados, han sido recientemente corroborados por Krespi et al, (2018) quienes comprobaron el mejor rendimiento en futbolistas con el de tipo exponencial frente al lineal. Sin embargo, existen también estudios que han encontrado mejoras asociadas al taper escalonado (Barnes et al 2018b; Coutts et al, 2007). A tenor de estos resultados, hay que ser precavidos a la hora de aplicar uno u otro, y tener en cuenta siempre la individualidad de cada atleta, el deporte del que se trate, el volumen e intensidad del periodo previo y el modelo de planificación que estemos llevando a cabo. Como señalan Faulkner et al, (2014) la aplicación de una u otra estrategia de reducción en el deporte de élite está determinada por la interacción diaria y la toma de decisiones entre el entrenador y el atleta, en función de sus propias observaciones y de su experiencia en el tratamiento de datos cuantitativos.

4.3. Factores a tener en cuenta en el periodo taper

Podemos definir la carga de entrenamiento en base a estos cuatro componentes: intensidad, volumen, frecuencia y duración.

La modificación de cualquiera de ellos, hace que los objetivos y las adaptaciones del entrenamiento queden orientadas en una u otra dirección. En función del periodo de la temporada en el que nos encontremos podremos alternarlas de una u otra manera.

Hemos de tener siempre presente y especialmente durante la aplicación de un periodo taper, que la aplicación de un estímulo insuficiente de entrenamiento puede producir efectos no deseados (Bonnabau et al., 2007). La reducción excesiva de la carga de trabajo puede ser perjudicial para las adaptaciones conseguidas a lo largo de la temporada, siendo este uno de los mayores riesgos asociados a este periodo (Mújika y Padilla, 2000). Con esto en mente, las directrices para realizar los ajustes en los componentes de la carga durante el periodo taper serán los siguientes:

Intensidad: diversos autores (Arvisais et al., 2007; Barker et al., 2016; Cipriano et al., 1992; Foster, Galassi, Hickson, Rich y Pollock, 1985; Mujika, 2010; Mujika y Padilla, 2000) nos marcan que la clave para obtener mejoras en el periodo taper es mantener la intensidad de entrenamiento.

- ▪ . Asimismo, Barnes et al. (2018b), describen cómo los powerlifters de élite de Nueva Zelanda, mantienen o incrementan la intensidad durante sus periodos de tapering.

1. Volumen: Arvisais et al. (2007), señalan que las reducciones en la carga durante este periodo deberían obtenerse principalmente a través de la reducción en el volumen. Estos mismos autores establecieron el rango óptimo de reducción de volumen entre el 41% y el 60%. No obstante, como bien apuntan, se han observado mejoras con mayores y menores reducciones. Cipriano et al. (1992) y Mujika y Padilla (2000) observaron mayores mejoras en corredores de media distancia con tapers de reducido volumen y alta intensidad. En concreto, Mujika y Padilla (2000), nos hablan de una reducción progresiva del 75%. Varios autores coinciden en señalar que un rango de reducción en el volumen entre el 50-90% ha mostrado mejoras en ciclistas, corredores, nadadores, deportistas de fuerza y triatletas (Mujika y Padilla, 2003).

2. Frecuencia: No está tan claro el rango de reducción al que se puede someter esta variable de la carga. Aun así, Mujika y Padilla (2003) establecen que en deportistas moderadamente entrenados una reducción de entre el 30-50% puede ser adecuada, pero que, para deportistas de alto nivel, se recomienda mantener una frecuencia mayor o igual al 80% del periodo previo. Con ello, evitamos que los atletas tengan lo que estos mismos autores han dado en denominar "loss of feel".

3. Duración: Barker et al. (2016), comprobaron que una reducción en duración y frecuencia de entrenamiento en futbolistas profesionales mejoró su rendimiento.

Aun así, esta variable es considerada la más ambigua dentro de la literatura. Existen diferentes duraciones orientativas en función del tipo de disciplina que se trate, a saber: 4-14 días en ciclistas y triatletas (Banister et al., 1995; Banister et al., 1999; Dennis, Kubukeli y Noakes, 2002); ~ 7 días en corredores de media y larga distancia (Gorostiaga et al., 2000); 10 días en deportistas de fuerza entrenados (Gibala et al., 1994); 10-35 días en nadadores (Bonifazi et al., 2000; Chatard, Geyssant y Mujika, 1996); 8-14 días como rango óptimo de reducción en general (Arvisais et al., 2007).

4.4. Mejoras asociadas al taper

Es labor compartida entre entrenador y deportista establecer metas y objetivos reales para cada uno según su contexto competitivo y su nivel real dentro del mismo. Esto es requisito básico para afrontar la competición. El objetivo del taper es llegar al día señalado en las mejores condiciones posibles. Mujika y Padilla (2003), nos dicen que realizando un taper de forma adecuada podemos esperar mejoras en el rendimiento de entre el 0.5% y el 6%. Por su parte, Bowers et al. (2010), hablan de un 2-8%. Conviene aclarar que las mejoras asociadas al taper están más ligadas a la reducción de la fatiga del periodo previo y a la recuperación, que a las nuevas adaptaciones que podamos obtener debidas al entrenamiento propio de este periodo.

Dennis et al. (2002), han sugerido que la duración óptima de la reducción para obtener las mayores mejoras, puede estar influenciada por la intensidad y el volumen de entrenamiento previos. Con atletas que entrenan a una intensidad más elevada y con un mayor volumen se pueden establecer 2 semanas para optimizar las adaptaciones. Sin embargo, los deportistas que en el periodo previo reducen volumen e intensidad, pueden necesitar un taper de menor duración para no perder las adaptaciones conseguidas durante los periodos de entrenamiento.

Diversos son los estudios que han querido mostrar las diferentes adaptaciones fisiológicas y psicológicas durante el periodo taper. Se exponen en la siguiente tabla algunos de ellos.

AUTORES	PARÁMETRO ESTUDIADO
- Banister, Carter y Zarkadas, 1995. - Bhambhani et al., 2002. - Cheiner, Favier, Margaritis, Richard, Rousseaur y Palazzetti, 2003. - García-Pallarés, Izquierdo, Izquierdo-Gabarren y Sánchez-Medina, 2010. - Hashim, Ishak y Krasilshchikov, 2016. - Houmard, Justice, y Scott, 1994 - Krespi et al., 2018	*Consumo máximo de oxígeno (VO2max)*
- Houmard y Johns, 1994 - Bell et al., 2002	*Economía de esfuerzo*
- Cheiner et al., 1994 - Flynn, Houmard, Kirwan y Mitchel, 1989 - Keizer, Kuipers, Rietjens y	*Frecuencia cardiaca máxima y submáxima*

AUTORES	PARÁMETRO ESTUDIADO
Saris, 2001	
- Andres et al., 1994 - Haykowsky, Malley, Norris, Smith y Smith, 1998 - Stone et al., 1996; en Busso, Mujika, Padilla y Pyne, 2004	*Frecuencia cardiaca en reposo*
- Costill et al., 1990 - Favier et al., 2003	*Balance energético*
- Favier et al., 2003 - Gleeson et al., 2013	*Composición corporal*
- Cipriano et al., 1992 - Martin, Neary y Quinney, 2003	*Cantidad de glucógeno muscular*
- Burke, Falsetti y Feld, 1982 - Cade, Millard, Randy y Zauner, 1985	*Niveles de Creatinkinasa (CK)*
- Bonifazi, Luppo y Sardella, 2000 - Gorostiaga et al., 2000	*Producción de lactato*
- Cipriano et al, 1992 - Favier et al., 2003 - Janssen, Kaiser y Van Wersch, 1989 - Yamamoto 1988; citado en Mujika et al., 2003	*Balance hemólisis-eritropoyesis*
- Anderse, Gates y Martin, 2000 - Andres et al., 1994 - Berger, Butki, Grove y Prapavessis, 1997 - Favier et al., 2003 - Gleeson et al., 2013 - Hooper et al., 1999 - Koceja, Raglin y Stager,	*Estado de humor de los deportistas*

AUTORES	PARÁMETRO ESTUDIADO
1996	
- Atlaoui et al., 2004 - Bonifazi et al., 2000 - Chatard et al., 1996 - Gleeson et al., 2013 - Stone, 1996; citado en Busso et al., 2004	*Niveles de testosterona (T), cortisol (C) y ratio testosterona/cortisol (T:C)*
- Barnes et al., 2018b - Brughelli et al., 2014 - Cipriano et al., 1992 - Cheiner et al., 1994 - Costill, Thomas y Trappe, 2000 - Coutts et al., 2007 - García-Pallarés et al., 2010 - Georgiadis et al., 2014 - Gibala, MacDougall y Sale, 1994 - Hashim et al., 2016 - Hooper, Howard y Mackinnon, 1999 - Koceja et al., 1996 - Krespi et al., 2018 - Martin, Scifres y Zimmerman, 1994 - Turner, 2011	*Fuerza y potencia muscular*

Figura 6: Parámetros estudiados en relación con el taper
(elaboración propia)

A continuación, se exponen los factores de entre los anteriormente nombrados, que resultan más relevantes para el rendimiento en judo:

o *Balance energético y composición corporal:* determinante para el judo dada la división por pesos existente. Varios autores (Costill et al., 1990; Favier et al., 2003), han señalado que es habitual, dada la reducción en el volumen de entrenamiento propia del periodo taper, que se incremente la masa grasa (MG), se reduzca la masa muscular (MM) y se incremente el peso si se mantiene la ingesta del periodo previo. Esto es algo que no se puede permitir en judo puesto que puedes quedar fuera de la competición.

o *Glucógeno muscular:* Cipriano et al. (1992) y Martin et al. (2003), señalaron que con el taper adecuado los niveles de glucógeno muscular aumentan. Este aspecto es vital para el judo dada la importancia de la glucolisis anaeróbica en este deporte. Degoutte et al. (2003) y Katajiri et al. (2008), destacan la importancia de la disponibilidad de hidratos de carbono en estos deportistas.

o *Niveles de creatinkinasa (CK):* esta enzima, necesaria para la degradación del ATP, se asocia con el estrés después de periodos de entrenamiento (Katajiri et al., 2008). A mayores niveles de CK, mayor fatiga y menor rendimiento. En el periodo taper los niveles de CK parecen disminuir (Child, Fallowfield y Wilkinson, 2000).

o Producción de lactato: Gorostiaga et al. (2000) y Bonifazi et al. (2000), indicaron que los atletas presentaban mayores picos de producción de lactato en esfuerzos máximos como resultado del periodo taper. Esto resulta muy importante en un deporte como el judo donde los deportistas pueden alcanzar concentraciones de entre 8-18 mmol/l al final del combate (Bitencourt et al., 2017 y Degoutte el al., 2003).

o *Estado de ánimo de los deportistas:* Berger et al. (1997) y Favier et al, (2003) mostraron que tras la aplicación de un periodo taper el estado de ánimo mejoró como consecuencia de la reducción en el volumen de entrenamiento y disminución de la fatiga medido con el cuestionario *Profile of Mood States* (POMS). Atlatoui et al. (2004), comprobaron, con el cuestionario *Total Score Fatigue* (TSF), cómo en 13 de 14 nadadores de élite, los resultados eran más bajos (mejores → menor fatiga) como consecuencia de la reducción del entrenamiento propia de este periodo.

o *Índices de testosterona (T), cortisol(C) y ratio T/C:* El periodo taper se relaciona con un aumento en los niveles de hormonas anabólicas (testosterona; T) y una reducción en los de hormonas catabólicas (cortisol; C). Esto provoca un incremento del ratio testosterona/cortisol (T/C), valor que será útil a la hora de comprobar el nivel de fatiga, recuperación y adaptación de nuestros judocas (Atlaoui et al, 2004; Bonifazi et al, 2000; Chatard et al, 1996; Aoki et al, 2017; Bonifazi et al, 2000). Atlaoui et al, (2004) comprobaron el índice 24 horas Cortisol (C)/Cortisona (Cn) en nadadores de élite. Concluyeron que la relación C/Cn podría ser un indicador más útil para determinar el estado de sobreentrenamiento así como las variaciones en el rendimiento. Se mostró una relación inversa en la muestra de estudio, determinando un mayor rendimiento del nadador a menor valor del índice.

o *Fuerza y potencia muscular:* El incremento de la fuerza y potencia muscular ha sido algo demostrado por varios autores como consecuencia del periodo taper (Barnes et al, 2018b; Brughelli et al, 2014; Cipriano et al, 1992; García-Pallarés et al, 2010; Georgiadis et al, 2014; Hashim et al., 2016). Las mejoras pueden venir por mecanismos contráctiles y/o neurales (Barnes et al, 2018b; Gibala et al, 1994). Georgiadis et al, (2014), evidenciaron que el rendimiento de los lanzadores incrementaba utilizando tapers de carga baja (LT-30% de 1RM) y carga alta (HT-85% de 1RM), pero este último (85% de 1RM), además de incrementar en mayor medida el rendimiento (0.6 +/-1.7% (LT) vs. 3.3 +/-1.9% (HT)) producía mayores incrementos en la fuerza, la potencia de todo el cuerpo y en la tasa de fuerza desarrollada (RFD). Coutts et al, (2007), asociaban la ganancia en fuerza y potencia obtenidas con un taper escalonado de 7 días a un cambio en las propiedades de las fibras, como consecuencia de un predominio de los procesos anabólicos y una reducción del daño muscular. Brughelli et al, (2014), también con un taper escalonado de 21 días, observaron mejoras en la potencia máxima desarrollada por jugadores de rugby profesionales. Aspecto importante para el rendimiento en judo. Hay que recordar que autores señalaban la fuerza explosiva y la resistencia a la misma como dos de los factores principales de rendimiento en esta disciplina. Turner (2011, p.44) concluye afirmando "que al distribuir varios volúmenes en unidades menos frecuentes se inducen condiciones óptimas para conseguir una mayor hipertrofia muscular, aumento de fuerza y ganancias en potencia".

5. TAPER Y JUDO

El periodo taper en judo es un tema de escasa atención en la literatura científica. Por ello, hemos de basarnos en lo demostrado para otras disciplinas, en nuestra experiencia y nuestros conocimientos sobre planificación del entrenamiento, para abordar la puesta a punto de nuestros judocas. Trataremos de:

1) Conocer la actualidad sobre el taper en judo.

2) Establecer unas directrices a seguir para la programación de este periodo en judocas de alto rendimiento.

Realizando una búsqueda en las bases de datos utilizadas con los términos "taper and judo", hallamos 5 artículos científicos que han abordado este tema con judocas. En dos de ellos, el tapering realizado formaba parte del entrenamiento de las judocas para los campeonatos nacionales (Baioumy y Ghazy, 2015; Baoiumy et al, 2016). Los demás (Gleeson et al, 2013; Papacosta et al, 2015; Sikorsky, 2011), fueron diseñados expresamente para ello. Surge la duda de si obtendríamos el mismo resultado aplicándolo dentro de la planificación normal de un equipo. Si utilizamos términos más genéricos como "planificación en judo"; "peak performance and judo"; "judo training methodology"; "block periodization and judo"; "judo and athletic performance", encontramos algunas propuestas para el tapering integradas en planificaciones anuales, bianuales o ciclos olímpicos (Aoki et al., 2017, Franchini y Takito, 2014). Asimismo, existen manuales de reconocido prestigio (véase, entre otros, García, 2012; Hernández, 2018; Nishioka, 2000) y de obligada lectura que ofrecerán al entrenador un soporte sólido y coherente para abordar con mayor tranquilidad y menor incertidumbre la preparación holística de sus deportistas.

Nishioka (2000) nos adelanta que para que un judoca tenga un óptimo rendimiento el día de la competición principal, ha de iniciar la reducción del volumen de entrenamiento 2 o 3 semanas antes de la misma. El estado óptimo de prestación competitiva debería estar casi alcanzado llegado este punto. Luego, la intensidad del rendimiento disminuye gradualmente desde la tercera semana hasta la competición. Esta reducción en la intensidad choca con las ya vistas de Fessi et al, (2016); Gleeson et al, (2013); Mujika (2010) y Sikorsky et al, (2011), quienes marcan el mantenimiento de la misma como una de las claves del taper.

5.1. Punto de partida. Estado actual del periodo taper en judo. Evidencias científicas.

Según la literatura científica, atendiendo a la especificidad del deporte del judo, debemos de valorar y desarrollar aspecto tales como:

a) Los componentes de la carga.

b) Parámetros fisiológicos y biomédicos.

c) Aspectos anímicos/psicológicos.

d) Mejoras en el rendimiento.

e) Nivel de recuperación, fatiga y dolor muscular.

5.1.1. Componentes de la carga de entrenamiento

o Intensidad: Gleeson et al, (2013), Papacosta et al, (2015) y Sikorsky (2011) llegaron a la conclusión de que es necesario mantener la intensidad en este periodo para conservar las adaptaciones. Este hallazgo está en consonancia con lo establecido para el taper en general. No obstante, también hay autores como Baioumy y Ghazy, 2015 y Baioumy et al, 2016 que reduciendo la intensidad al 50%-80% del nivel previo han obtenido resultados favorables.

o Volumen: el estudio de Gleeson et al, (2013) reportó mejoras en el rendimiento de los judocas con una reducción del volumen del 50% con un taper exponencial de caída rápida. Con una reducción mayor, Baioumy y Ghazy (2015), consiguieron mejoras en el rendimiento de sus judocas femeninas de cara al campeonato nacional universitario egipcio permitiéndoles restaurar su resistencia al entrenamiento, recuperando y mejorando sus cualidades físicas y técnicas para un rendimiento competitivo óptimo. Estos valores encajan con el 41%-60% establecido por Arvisais et al, (2007) y el 50%-90% que nos recomendaban Mujika y Padilla (2003).

o Frecuencia: mantener una frecuencia mayor al 80% del periodo previo es la recomendación general para deportistas de alto rendimiento (Mujika y Padilla, 2003). En García (2012), observamos cómo en los microciclos previos a la competición la frecuencia se reduce en 1 o 2 sesiones por semana, con o sin reducción de su duración, en judocas de nivel mundial y olímpico, respetando los valores dados por Mujika y Padilla (2003).

o Duración: Baioumy y Ghazy (2015); Gleeson et al, (2013), han concluido que un periodo taper de 2 semanas es lo adecuado para judocas. Gleeson et al, (2013) afinan un poco más, dejándolo en 7-12 días. Para el mesociclo de realización, Aoki et al, (2017) y Sikorsky (2011), establecen una duración de 21 días, al igual que Nishioka (2000). Puntualizando que las dos últimas semanas son las que van a permitirnos la recuperación de la fatiga previa y mantener el nivel deportivo. Podemos aceptar y concluir, atendiendo a las aportaciones hechas por la literatura científica específica para el judo y a las demandas concretas de fuerza que exige este deporte, la recomendación de 10 días para deportistas de fuerza entrenados de Gibala et al., 1994 o utilizar el rango general de entre 8-14 días propuesto por Arvisais et al, 2007.

5.1.2. Parámetros fisiológicos y biomédicos

o Índices de Testosterona (T), cortisol (C) y ratio T/C: Los hallazgos de Gleeson et al, (2013) para un grupo de judocas de competición están en consonancia con los datos obtenidos de la literatura. Aunque ha habido estudios que no han hallado resultados similares, parece ser que durante la fase de taper el equilibrio anabólico-catabólico del organismo se ve favorecido con un incremento de los niveles de T y una reducción de los niveles de C. Provocando esto un aumento del ratio T/C (Atlaoui, 2004; Bakht et al, 2011).

o Niveles de creatinkinasa (CK): Tal y como han demostrado otros autores en otras disciplinas (Barnes et al, 2018a; Child et al, 2000 y Gorostiaga et al, 2000), los niveles de CK de los judocas también disminuyeron (Gleeson et al., 2013).

o Producción y aclaramiento de lactato: No se hallan en la literatura científica estudios específicos sobre taper y judo en relación con este parámetro fisiológico. Sí existen autores que han determinado la mejora en la producción y aclaramiento de lactato en judocas como consecuencia de diferentes programas de entrenamiento (Borkowski et al, 2013; De Moraes et al, 2009). Si recordamos las ya explicadas asociadas al lactato durante el periodo taper, y la necesidad de mejorarlo en judo por su condición de factor determinante del rendimiento, se hallará una base sólida para orientar nuestros entrenamientos.

o Capacidad anaeróbica: Como consecuencia de la aplicación de un periodo taper se ha comprobado cómo los judocas mejoran su capacidad anaeróbica y por ende su rendimiento (Baioumy y Ghazy, 2015; Baioumy et al, 2016; Gleeson et al, 2013; Papacosta, 2015). Esta mejora es consecuencia del incremento en el glucógeno muscular, la menor fatiga y la mejora en la tolerancia y aclaramiento del ácido láctico.

o Fuerza y potencia muscular: Valiéndose de tests como la dinamometría manual, el coutermovement jump (CMJ), squat jump (SJ), press banca, remo horizontal y el judo chin up, autores como Baioumy y Ghazy (2015), Baioumy et al, (2016) y Gleeson et al, (2013) comprobaron cómo la fuerza y la potencia de sus judocas mejoraba.

o Balance energético y composición corporal: Baioumy et al. (2016) instruían a sus judocas femeninas para disminuir la ingesta diaria durante el periodo taper para no acumular masa grasa, evitando así el aumento de peso. Gleeson et al. (2013) también comprobaron este acúmulo de MG en sus judocas durante el taper.

5.1.3. Aspectos anímicos y psicológicos

En estudios del estado de ánimo a través de la aplicación del cuestionario POMS (Gleeson et al. 2013) se obtuvieron menores puntuaciones en tensión, agresión, depresión, fatiga y confusión a consecuencia de la aplicación de un periodo taper en judocas.

5.1.4. Mejoras en el rendimiento

La bibliografía científica nos muestra la utilización de dos pruebas de valoración de rendimiento; Special Judo Fitness

Test (SJFT) y 3x300-m performance como herramientas válidas para judocas en periodos taper.

o *SJFT:* Baoiumy y Ghazy (2015); Baioumy et al, (2016); Gleeson et al. (2013), explican cómo los judocas rinden más después del taper en esta prueba. SJFT, guarda una relación directa con el rendimiento en judo y sirve para diferenciar entre judocas de alto y bajo nivel; no siendo tan clara su validez para diferenciar entre judocas de muy alto nivel (García, 2012).

Planteamiento del SJFT:

Se colocan dos judocas (Uke) a 3 metros de distancia y un tercero en medio de los dos. Éste último judoca (Tori) es el que realiza el test y es evaluado. Tori va corriendo de Uke a Uke realizando, cada vez que llega a la altura de un Uke, la técnica ippon seoi nague.

Se realizan tres series de 15-30-30 segundos con 10 segundos de pausa entre ellas y se computa el tiempo empleado y el número de proyecciones realizadas en cada serie. Asimismo, se comprueba la frecuencia cardiaca (HR) de tori inmediatamente al final de la prueba (*HR after*) y un minuto después de finalizar la misma (*HR 1 minute after*).

El índice del SFJT se halla con la siguiente ecuación:

$$\text{SJFT índice} = (\text{HR after} + \text{HR 1 minute after}) / \text{número total de proyecciones}$$

El rendimiento en el test mejora con el menor valor del SJFT índex.

○ *3x300-m performance:* Gleeson et al. (2013) advirtieron cómo sus judocas reducían en un 7% el tiempo en este test que guarda una relación directa con la capacidad anaeróbica de los deportistas; elemento determinante en judo.

5.1.5. Niveles de recuperación, fatiga y dolor muscular

○ *Visual Analogue Scale for General Fatigue (VASGF)* fue la herramienta usada por Gleeson et al. (2013) para comprobar que los niveles de fatiga en sus judocas se reducían durante el periodo tapering. Las mejoras en el rendimiento son también un claro indicativo de la recuperación y de tal reducción.

○ *Delayed Onset Muscle Soreness (DOMS): Gleeson et al. (2013) concluyeron afirmando que como consecuencia de la aplicación de un periodo taper, la sensación de dolor muscular en sus atletas disminuyó, manteniéndose mayor en el tren superior.*

5.2. Tipo de taper según el modelo de planificación. Propuesta.

La tabla 7 muestra el modelo de taper a seguir según el tipo de planificación que estemos llevando a cabo: tradicional, acentuada, ATR o macrociclo integrado (*ver anexo I*).

Modelo de planificación	Tipo de taper	Duración del taper	Intensidad de trabajo	Reducción del volumen	Frecuencia de entreno.
Tradicional	Exponencial caída lenta	3 semanas	Alta: 90-100%	1ª y 2ªs: 40% 3ªs: 60%	F: 1ª y 2ªs: 2d/s; 3ªs: 1d/s T: 1ª y 2ª s: 5 d/s; 3ªs: 3-4 d/s
ATR	Exponencial caída rápida	2 semanas	Alta: 90-100%	1ªs: 40% 2ªs: 60%	F: 1ªs: 2 d/s; 2ªs: 1d/s T: 1ªs: 5 d/s; 2ªs: 3-4 d/s
Acentuada	Exponencial caída rápida	2 semanas	Alta: 90-100%	1ª s: 40% 2ªs: 60%	F: 1ªs: 2 d/s; 2ªs: 1d/s T: 1ªs: 5 d/s; 2ªs: 3-4 d/s
M. integrado	Exponencial caída rápida	2 semanas	Alta: 90-100%	1ªs: 40% 2ªs: 60%	F: 1ªs: 2d/s; 2ªs: 1d/s T: 1ªs: 5 d/s; 2ªs: 3-4 d/s
Cualquiera	Escalonado	1 semana	Baja: 30-40%	1ªs: 70%	F: No se trabaja T: 3 d/s
s: semana; d/s: días/semana; F: entrenamiento de fuerza en sala; T: entrenamiento en tatami.					

Figura 7: tipos de taper y modelos de planificación (elaboración propia)

OPTIMIZACIÓN DEL RENDIMIENTO DEPORTIVO

6. PROPUESTA DETALLADA PARA EL TAPER SEGÚN EL MODELO DE PLANIFICACIÓN SEGUIDA

6.1. Taper en el modelo tradicional

Este modelo lo usaremos con judocas jóvenes que todavía están en desarrollo y formación (hasta junior) con miras a un único objetivo final, por ejemplo, el campeonato nacional. Las pautas para el taper en este modelo de planificación son:

TIPO DE TAPER: Exponencial caída lenta **DURACIÓN**: 3 SEMANAS
INTENSIDAD: ALTA (~ 90%-100%)
VOLUMEN: 1ª Y 2ª Semana-60%; 3º Semana-40%
FRECUENCIA:
• Trabajo condicional (Fuerza): 1º y 2º semana → 2 días; 3º Semana → 1 día • Tatami: 1º y 2º semana → 5 días; 3ª semana → 4 días
TRABAJO DE FUERZA EN SALA *1ª y 2ª Semana:* (*se trabajará con la carga que se manifieste la máxima potencia en cada ejercicio). **Día 1**: **Fuerza explosiva**: 5x5:1´30"/3´ Ejercicios: Arrancada desde cajón, cargada, jerk, saltos cajón, squat jump.

- 55 -

Día 2 Circuito de **resistencia a la potencia:**[1]

5 estaciones (ejercicios de potencia).

20" de trabajo en 2 series de 10" con pausa de 5" en la serie / 15" entre estaciones.

2 vueltas = 1 serie.

4 series.

Descanso entre series 3-5 minutos (resíntesis PCr).

Tiempo total de trabajo = 30-35 minutos.

Ejercicios: press banca, saltos cajón, ketebel swing, cargada colgante, sentad+push press.

3ª Semana: (*se trabajará con la carga que se manifieste la máxima potencia en cada ejercicio).

Día 1: trabajo de **CEA, Frecuencia de estimulación y transferencia al gesto específico.**

Trabajo con gomas + tokui waza (nague komi) (3+3x4:1´30"/3´)

*Squat jump + tokui waza (Uchikomi) (3+3x3:1´30"/3´)

*Cargada colgante + tokui waza (nague komi) (3+3x3:1´30"/3´)

TRABAJO EN TATAMI

1º y 2ª semana:

- **Lunes:** *Resistencia específica de combate + resistencia a la fuerza lactácida:* **Randori:** 4 minutos con cambio cada minuto. Máxima intensidad el que entra. (x5) / Nagekomis 1´5 minutos x 3 series (gente del mismo peso).

- **Martes:** *Técnica/táctica: mejora aspectos específicos:* Tokui waza + combinaciones + encadenamientos.

- **Miércoles:** *Fuerza explosiva + resistencia a la fuerza explosiva:* Uchikomi de potencia / Nague komi con mismo

---

[1] Otra opción a trabajar este día sería un circuito de resistencia a la fuerza lactácida. Trabajaríamos sobre el mismo circuito pero eliminando los 10 s de pausa intraseries e incrementando el descanso entre series a 5-7 minutos para difundir el lactato a sangre.

peso y un peso menos / Pliometria + uchikomi.

- **Jueves:** *Táctica según rival (previo estudio):* secuencias tácticas automatizadas en función del rival (estudio previo en vídeo).
- **Viernes:** *Resistencia a la velocidad. Gestos específicos:* Randori pautado: solo ataca 1. 25:10x8 = 1 serie x 4 series.

3ª semana:

- **Lunes:** *Resistencia específica de combate + resistencia a la fuerza lactácida*: **Randori:** 4 minutos con cambio cada minuto. Máxima intensidad el que entra. (x5) / Nagekomis 1´5 minutos x 3 series (gente del mismo peso).
- **Martes:** *Técnica/táctica: mejora aspectos específicos:* Tokui waza + combinaciones + encadenamientos.
- **Miércoles:** *Fuerza explosiva + resistencia a la fuerza explosiva:* Uchikomi de potencia / Nague komi con mismo peso y un peso menos / Pliometria + uchikomi.
- **Jueves: Viajes.**
- **Viernes:** *opciones:* 1) activación: similar a día 1 de la semana 3 del trabajo de fuerza (CEA + frecuencia); 2) Potenciación post activación: trabajo sobre movimientos olímpicos con cargas altas (5RM) 1-2 repeticiones + 4-5 nague komis de potencia x 2-3 series.
- **Sábado: *COMPETICIÓN.***

6.2. Taper en el modelo ATR, en acentuación sucesiva y en el macrociclo integrado

Estos modelos se usarán cuando existan varios focos importantes a lo largo de la temporada. Cada taper coincidirá con una competición importante en uno de los mesociclos de realización (modelo ATR) o competitivo (acentuación sucesiva y macrociclo integrado).

TIPO DE TAPER: Exponencial caída rápida **DURACIÓN:** 2 SEMANAS
INTENSIDAD: ALTA (~ 90%-100%)
VOLUMEN: 1ª Semana-60%; 2º Semana-40%
FRECUENCIA: • Trabajo condicional (Fuerza): 1º semana → 2 días; 2º Semana → 1 día • Tatami: 1º semana → 5 días; 3ª semana→ 4 días
TRABAJO DE FUERZA EN SALA *1ª Semana:* (*se trabajará con la carga que se manifieste la máxima potencia en cada ejercicio). **Día 1: Fuerza explosiva:** 5x5:1´30"/3´ Ejercicios: Arrancada desde cajón, cargada, jerk, saltos cajón, squat jump. **Día 2** Circuito de **resistencia a la potencia**[2]: 5 estaciones (ejercicios de potencia). 20" de trabajo en 2 series de 10" con pausa de 5" entre series / 15" entre estaciones. 2 vueltas = 1 serie.

---

[2] Otra opción a trabajar este día sería un circuito de resistencia a la fuerza lactácida. Trabajaríamos sobre el mismo circuito pero eliminando los 10 s de pausa intraseries e incrementado el descanso entre series a 5-7 minutos para difundir el lactato a sangre.

4 series.

Descanso entre series 3-5 minutos (resíntesis PCr).

Tiempo total de trabajo = 30-35 minutos.

Ejercicios: press banca, saltos cajón, ketebel swing, cargada colgante, sentad+push press.

2ª Semana: (*se trabajará con la carga que se manifieste la máxima potencia en cada ejercicio).

Día 1: trabajo de **CEA, Frecuencia de estimulación y transferencia al gesto específico.**

Trabajo con gomas + tokui waza (nague komi) (3+3x4:1´30"/3´)

*Squat jump + tokui waza (Uchikomi) (3+3x3:1´30"/3´)

*Cargada colgante + tokui waza (nague komi) (3+3x3:1´30"/3´)

TRABAJO EN TATAMI

1º semana:

- **Lunes:** *Resistencia específica de combate + resistencia a la fuerza lactácida*: **Randori:** 4 minutos con cambio cada minuto. Máxima intensidad el que entra. (x5) / Nagekomis 1´5 minutos x 3 series (gente del mismo peso).

- **Martes:** *Técnica/táctica: mejora aspectos específicos:* Tokui waza + combinaciones + encadenamientos.

- **Miércoles:** *Fuerza explosiva + resistencia a la fuerza explosiva:* Uchikomi de potencia / Nague komi con mismo peso y un peso menos / Pliometria + uchikomi.

- **Jueves:** *Táctica según rival (previo estudio):* secuencias tácticas automatizadas en función del rival (estudio previo en vídeo).

- **Viernes:** *Resistencia a la velocidad. Gestos específicos:* Randori pautado: solo ataca 1. 25:10x8 = 1 serie x 4 series.

2ª semana:

- **Lunes:** *Resistencia específica de combate + resistencia a la fuerza lactácida*: **Randori:** 4 minutos con cambio cada minuto. Máxima intensidad el que entra. (x5) / Nagekomis 1´5 minutos x 3 series (gente del mismo peso).

- **Martes:** *Técnica/táctica: mejora aspectos específicos:* Tokui waza + combinaciones + encadenamientos.
- **Miércoles:** *Fuerza explosiva + resistencia a la fuerza explosiva:* Uchikomi de potencia / Nague komi con mismo peso y un peso menos / Pliometria + uchikomi.
- **Jueves: Viajes.**
- **Viernes:** *opciones:* 1) activación: similar a día 1 de la semana 2 del trabajo de fuerza (CEA + frecuencia); 2) Potenciación post activación: trabajo sobre movimientos olímpicos con cargas altas (5RM) 1-2 repeticiones + 4-5 nague komis de potencia x 2-3 series.
- **Sábado: *COMPETICIÓN*.**

6.3. Taper escalonado para cualquiera de los modelos de planificación

Como tercera opción, planteamos un modelo basado en los estudios de Barnes et al, (2018b); Coutts et al, (2007) y Hansen et al, (2017). Un taper escalonado caracterizado por el mantenimiento de la intensidad y volúmenes altos hasta dos semanas antes y una reducción igual y brusca en la semana previa a la competición. Esta opción, puede ser válida en dos situaciones: que no hayamos obtenido las adaptaciones esperadas en el periodo previo y por lo tanto, lo tengamos que alargar una semana. O tras una lesión que nos obligue a reducir plazos de cara a la competición.

TIPO DE TAPER: Escalonado **DURACIÓN**: 1 SEMANA
INTENSIDAD: Baja (~ 30-40%)
VOLUMEN: 30%
FRECUENCIA:
• Trabajo condicional (Fuerza): no se trabaja como tal. • Tatami: 3 días
TRABAJO EN TATAMI **1ª semana:** • **Lunes:** *Técnica/táctica: mejora aspectos específicos:* Tokui waza + combinaciones + encadenamientos. • **Miércoles:** *Fuerza explosiva + resistencia a la fuerza explosiva:* Uchikomi de potencia / Nague komi con mismo peso y un peso menos / Pliometria + uchikomi. • **Jueves: Viajes.** • **Viernes:** *opciones:* 1) activación: similar a día 1 de la semana 2 o 3 del trabajo de fuerza de los modelos anteriores (CEA + frecuencia); 2) Uchikomi de potencia + nague komi de potencia con compañero de uno o dos pesos menos (4x5:1´30"/3´) • **Sábado:** *COMPETICIÓN.*

7 CONCLUSIONES

1. Las mejoras en el periodo taper son debidas a la recuperación del periodo previo y la disminución de la fatiga, más que a las adaptaciones propias de este periodo.

2. Se han hallado mejoras con todos los tipos de taper: lineal, exponencial, escalonado y cese de entrenamiento, por lo que para la elección de uno u otro se deberá de valorar: intensidad y volumen de trabajo previos, familiarización de los deportistas con los modelos de trabajo, la experiencia del entrenador, el deporte y el tiempo entre competiciones.

3. Para judo, y en general para los diferentes deportes, los autores coinciden en reducir el volumen, mantener la intensidad y mantener la frecuencia por encima del 80% del periodo previo. La duración se puede establecer para la mayoría de los deportistas entre 7 y 21 días. Son menos los estudios que muestran mejoras con mayores duraciones y con reducción en la intensidad de trabajo.

4. Los niveles de masa grasa pueden incrementar en este periodo por el disbalance energético. Los niveles de testosterona aumenta disminuyendo los de cortisol. Este

disbalance hace que la relación T/C aumente, indicativo de una predominancia de procesos anabólicos.

5. Los judocas muestran mejoras en el rendimiento medidas con SJFT, así como en su capacidad anaeróbica. También presentan, al igual que el resto de los deportistas, mejoras en el estado de ánimo, menores niveles de fatiga y menor sensación de dolor muscular.

6. Para el modelo tradicional en judo, se propone un taper exponencial de caída lenta de 3 semanas de duración. Para el resto de los modelos expuestos (ATR, acentuación sucesiva y macrociclo integrado) uno de caída rápida de 2 semanas. Asimismo, se plantea un taper escalonado para cualquiera de ellos.

7. El taper en judo es un tema poco contemplado en la literatura científica. Son necesarias más líneas de investigación futura para poder extraer conclusiones más firmes sobre la planificación de este periodo en judocas de alta competición.

8 BIBLIOGRAFÍA

• Agostinho, M., Busso, T., Candau, R., Franchini, E., Marcolino, G... Philippe, A. (2015). Perceived training intensity and performance changes quantification in judo. *Journal of Strenght and Conditioning Research, 29*(6), 1570–1577.

• Anderse, M., Gates. W., y Martin, D. (2000). Using profile of mood states (POMS) to monitor high-intensity training in cyclist: group versus case studies. *The Sport Psychologist, 14*(2), 138-156.

• Andres, F., Boone, J., Flynn, M., Michaud, T., Pizza, F... Rodriguez-Zayas, J. (1994). Indices of training stress during competitive running and swimming seasons. *International Journal of Sports Medicine, 15*(1), 21-26.

• Aoki, M., Drago, G., Franchini, E., Marques, L., y Moreira, A. (2017). Physiological and performance changes in national and international judo athletes during block periodization training. *Biology of Sport, 34*(4), 371-378.

• Artioli, G., Del Vecchio, F., Franchini, E., y Matsushigue, K. (2011). Physiological Profiles of Elite Judo Athletes. *Sports Medicine, 41*(2), 147-166.

• Atlaoui, D., Barale, F., Chatard, J. C., Duclos, M., Gouarne, L., y Lacoste, L. (2004). The 24-h Urinary Cortisol/Cortisone Ratio for Monitoring Training in Elite Swimmers. *Medicine & Sciince in Sports & Exercise, 36*(2), 218–224.

• Arvisais, D., Bosquet, L., Montpetit, N., y Mujika, I. (2007). Effects of Tapering on Performance: A Meta-Analysis. *Medicine & Science in Sports & Exercise, 39*(8), 1358-1365.

• Baioumy, M., y Ghazy, A. (2015). Effects of a Major Taper Training Program on some Physical Variables and Specific Fitness for Judokas. *The International Scientific Journal of Physical Education and Sport Sciences, 2*(issue 2), 1-10.

• Baioumy, M., Gahzy, A., y Hamouda, M. (2016). Effects of Taper on Elite Collegiate Female Judokas. *Journal of Applied Sports Science, 6*(4), 42-49.

• Bakht, H., Karimi, M., y Vaez, Mk. (2011). The Effect of Two Types of Tapering on Plasma Anabolic and Catabolic Steroid Hormones Following Incremental Training in Elite Male Wrestlers. *International Journal of Wrestling Science, 1*(1), 7-15.

• Banister, E., Carter, J., y Zarkadas, P. (1995). Modelling the effect of taper on performance, maximal oxygen uptake, and the anaerobic threshold in endurance triathletes. *Advances in Experimental Medicine and Biology, 393*, 179-186.

• Banister, E., Carter, J., y Zarcadas, P. (1999). Training theory and taper: validation in triathlon athletes. *European Journal of Appyl Physioogyl, 79*(2), 182-191.

• Barker, A., Di Salvo, V., Fessi, M., Filleti, C., Moalla, W., y Zarrouk, N. (2016). Effects of tapering on physical match activities in professional soccer players. *Journal of Sports Science, 34*(24), 218-2194.

• Barnes, M., Keogh, J., McGuigan, M., Pritchard, H., y Stewart, R. (2018a). Short term training cessation as a method of tapering to improve maximal strength. *Journal of Strenght & Conditioning Research, 32*(2), 458-465.

• Barnes, M., Keogh, J., Pritchard, H., y Stewart, R. (2018b). Higher vs. lower intensity strenght training taper: Effects on neuromuscular performance. *International Journal of Sports Physiology and Performance, 11*, 1-22.

• Bell, G., Dressendorfer, R., Hannon, J., Lee, S., Moss, S., y Petersen, S. (2002). Performance enhancement with maintenance of resting immune status after intensified cycle training. *Clinic Journal of Sports Medicine, 12*(5), 301-307.

• Berger, B., Butki, B., Grove, J., y Prapavessis, H. (1997). Relationship of swimming distance, expectancy, and performance to mood states of competitive athletes. *Perceptual and Motor Skills, 84*(3), 1199-1210.

• Bhambhani, Y., McKenzie, D., y Neary, J. (2002). Effects of different stepwise reduction taper protocols on cycling performance. *Journal of Apply Physiology, 28*(4), 576-587.

• Bitencourt, J., Borba-Pinheiro, C., Drigo, A., Mataruna, L., Novaes, J… Saraiva, A. Orden en los ejercicios de fuerza sobre el rendimiento de los judokas / Order of Strength Exercises on the Performance of Judo Athletes. *Revista Internacional de Medicina y Ciencias de la Actividad Física y el Deporte, 17*(68), 605-617.

• Bonifazi. M., Luppo, C., y Sardella, F. (2000). Preparatory versus main competitions: differences in performances, lactate responses and pre-competition plasma cortisol concentrations in elite male swimmers. *European Journal of Apply Physiology, 82*(5-6), 368-373.

• Bonnabau, H., French, D., González-Badillo, J. J., Gorostiaga, E., Granados, C… Karamer, W. (2007). Detraining and tapering effects on hormonal responses and strength performance. *Journal Strength and Conditoning Research, 21*(3), 768-775.

• Bompa, T. (2016). *Periodización. Teoría y metodología del entrenamiento.* Barcelona: Hispano Europea.

• Borkowski, L., Ładyga, M., Obmiński, Z., y Wiśniewska, K. (2013). The effect on 4-month judo training period on anaerobic capacity, blood lactate changes during the post Wingate test recovery, and resting plasma cortisol, and testosterone levels in male senior judokas. *Journal of Combat Sports and Martial Arts, 4*(2), 119-123.

• Bowers, T., Galpin, A., Harber, M., Hayes, E., Jemiolo, B... Luden, N. (2010). Myocellular basis for tapering in competitive distance runners. *Journal of Apply Physiology, 108*(6), 4, 1501-1509.

• Brughelli, M., Hansen, K., Lacey, J., McGuigan, M., Morin, J... Samozino, P. (2014). The effects of tapering on power-forcevelocity profiling and jump performance in professional rugby league players. *Journal of Strength & Conditioning Research, 28*(12), 3567-3570.

• Bullen, D., Fry, A., Grindstaff, P., Kreider, R., Relyea, G... Wood, L. (2004). Strength/power augmentation subsequent to short-term training abstinence. *Journal of Strenght & Conditioning Research, 18*(4), 765-770.

• Burke, E., Falsetti. H., y Feld, R. (1982). Creatine kinase levels in competitive swimming during a season of training. *Scandinavian Journal of Sports Sciences, 4*(1), 1-4.

• Burnham, R., Martin, T., Neary, J., Quinney, A., y Reid, D. (1992). The effects of a reduced exercise duration taper programme on performance and muscle enzymes of endurance cyclists. *European Jorunal of Apply Physiology, 65*(1), 30-36.

• Busso, T., Mujika, I., Padilla, S., y Pyne D. (2004). Physiological Changes Associated with the Pre-Event Taper in Athletes. *Sports Medicine, 34*(13), 891-927.

• Cade, R., Millard, M., Randy, R., y Zauner, C. (1985). Serum CPK levels in male and female world class swimmers during a season of training. *Journal of Swimming Research, 1*(2), 12-16.

• Calmet, M., Del Vecchio, F., Franchini, E., Julio, U., Miarka, B., y Panissa, V. (2012). Comparision of time-motion performance between age groups in judo matches. *Journal of Sports Science, 30*(9), 899-905.

• Campos, J. y Cervera, V. (2011). *Teoría y planificación del entrenamiento deportivo*. Barcelona: Paidotribo.

• Candau, R., Del Vecchio, F., Ferreira, U., Franchini, E., y Matheus, L. (2013). Specifity of performance adaptations to a periodized judo training program. *Revista Andaluza de Medicina del Deporte, 8*(2), 67-72.

• Castarlenas, J. L., y Solé, J. (1997). El entrenamiento de la resistencia en los deportes de lucha con agarre: Una propuesta integradora. *Apunts de Educación Física*, (47), 81-86.

• Carratalá, V., Dopico, J., Fernández Del Olmo, M., Iglesias, E., y Pablos, C. (2000). Propuesta de organización y control del entrenamiento de fuerza del judoka. I Congreso de la Asociación Española de Ciencias del Deporte. *Área de entrenamiento deportivo – Rendimiento deportivo*, 81-88.

• Chatard, J., Geyssant, A., y Mujika, I. (1996). Effects of training and taper on blood leucocyte populations in competitive swimmers: relationships with cortisol and performance. *International Journal of Sports Medicine, 17*(3), 213-217.

• Cheiner, T., Houmard, J., Justice, C., y Scott, B. (1994). The effects of taper on performance in distance runners. *Medicine & Science in Sports & Exercise, 26*(5), 624-631.

• Child, R., Fallowfield, J., y Wilkinson, D. (2000). Effects of a Training Taper on Tissue Damage Indices, Serum Antioxidant Capacity and Half-Marathon Running Performance. *International Journal of Sports Medicine, 21*(5), 325-331.

• Cipriano, N., Coates, G., Macdougall, J., Shepley, B., Sutton, R., y Tarnopolsky, R. (1992). Physiological effects of tapering in highly trained athletes. *Journal of Apply Physiology, 72(*2), 706–711.

• Costill, D., Hickner, R., Houmard, J., Mitchell, J., Park, S., y Roemmich, J. (1990). Reduced training maintains performance in distance runners. *International Journal of Sports Medicine, 11*(1), 46-52.

• Costill, D., Thomas, R., Trappe, S. (2000). Effect of swim taper on whole muscle and single fiber contractile propierties. *Medicine & Science in Sports & Exercise, 32*(12), 48-56.

• Coutts, A., Murphy, A., Piva, T., y Reaburn, P. (2007). Changes in Selected Biochemical, Muscular Strength, Power, and Endurance Measures during Deliberate Overreaching and Tapering in Rugby League Players. *International Journal of Sports Medicine, 28*(2), 116-124.

• Degoutte, F., Filaire, E., y Jouanel, P. (2003). Energy demands during a judo match and recovery. *British Journal of Sports Medicine, 37*(3), 245-249.

• De Moraes, R., Franchini, E., Kiss, M., y Takito, M. (2009). Effects of recovery type after a judo match on blood lactate and performance in specific and non-specific judo tasks. *European Journal of Apply Physiology, 107*(4), 377-383.

• Dennis, S., Kubukeli, Z., y Noakes, T. (2002). Training techniques to improve endurance exercise performances. *Sports Medicine, 32*(8), 489-509.

• Faulkner, S., Fudge, B., Ingham, S., Nimmo, M., y Spilsbury, K. (2014). Tapering strategies in elite British endurance runners. *European Journal of Sport Science, 15*(5), 367-373.

• Favier, A., Margaritis, I., Richard, M., Rousseaur, A., y Palazzetti, S. (2003). Antioxidant supplementation and tapering exercise improve exercise-induced antioxidant response. *Journal of the American College of Nutrition, 22*(2), 147-156.

• Flynn, M., Houmard, J., Kirwan, J., y Mitchel, J. (1989). . Effects of reduced training on submaximal and maximal running responses. *International Journal of Sports Medicine, 10*(1), 30-33.

• Foster, M., Galassi, T., Hickson, R., Rich, S., & Pollock, M. (1985). Reduced training intensities and loss of aerobic power, endurance, and cardiac growth. *Jorurnal of Apply Physiology, 58*(2), 492-499.

• Franchini, E., Gomes, F., Meira, C., Sterkowicz, S., y Tani, G. (2008). Technical variation in a simple of higl level judo players. *Percept Motor Skills, 106*(5), 859-869.

• Franchini, E., y Takito, M. (2014). Olympic preparation in brazilian judo athletes: description and perceived relevance of training practices. *Journal of Strength and Conditioning Research, 28*(6), 1606-1612.

• García, J. M. (2012). *Rendimiento en Judo*. Madrid: Onporsport.

• García, J. M., Navarro, M., y Ruiz, J. A. (1996). *Planificación del entrenamiento deportivo*. Madrid: Gymnos

• García-Pallarés, J., Izquierdo, M., Izquierdo-Gabarren, M., y Sánchez-Medina, L. (2010). Physiological effects of tapering and detraining in world-class kayakers. *Medicine & Science in Sports & Exercise, 42*(6), 1209-1214.

• Georgiadis, G., Karampatsos, G., Krase, A., Methenitis, S., Spengos, K... Zaras, N. (2014). Effects of tapering with light vs heavy loads on track and field throwing performance. *Journal of Strenght and Conditioning Research, 28*(12), 3484-3495.

• Gibala, M., MacDougall, J., y Sale, D. (1994). The efectos of tapering on strenght perfomance on trained athletes. *International Journal of Sports Medicine, 15*(8), 492-497.

• Gleeson, M., Nassis, G., y Papacosta, E. (2013). Salivary Hormones, IgA, and Performance during Intense Training and Tapering in Judo Athletes. *Journal of Strength and Conditioning Research, 27*(9), 2569-2580.

• González-Badillo, J. J., y Ribas, J. (2014). *Bases de la programación del entrenamiento de la fuerza*. Barcelona: Inde.

• Gorostiaga, E., Goya, A., Grijalba, A., Ibañez, J., Mujika, I., y Padilla, S. (2000). Physiological responses to a 6-d taper in middle-distance runners: influence of training intensity and volume. *Medicine & Sciene in Sports & Exercise, 32*(2), 511-517.

• Hansen, J., Mujika, I., Ronnestad, B., y Vegge, G. (2017). Shortterm performance peaking in an elite cross-country mountain biker. *Journal of Sports Sciences, 35*(4), 1392-1395.

• Hashim, H., Ishak, A., y Krasilshchikov O. (2016). The effects of modified exponential tapering technique on perceived exertion, heart rate, time trial performance, VO2max and power output among highly trained junior cyclists. *Journal of Sports Medicine and Physical Fitness, 56*(9), 961-967.

• Haykowsky. M., Malley, L., Norris, S., Smith, D., y Smith, E. (1998). Effects of short term altitude training and tapering on left ventricular morphology in elite swimmers. *Canadian Journal of Cardiology, 14*(5), 678-681.

• Hernández, R. (2018). *JUDO: Nuevas perspectivas sobre metodología y entrenamiento.* Sevilla: Wanceulen.

• Hooper, S., Howard, A., y Mackinnon, L. (1999). Physiological and psychometric variables for monitoring recovery during tapering for major competition. *Medicine & Science in Sports & Exercise, 31*(8), 1205-1210.

• Houmard, J., y Johns, R. (1994). Effects of taper on swim performance. Practical implications. *Sports Medicine, 17*(4), 224–232.

• Janssen, G., Kaiser, V., y Van Wersch, J. (1989). Effect of training on red blood cell parameters and plasma ferritin: a transverse and a longitudinal approach. *International Journal of Sports Medicine. 10*(S3), 169-175.

• Katajiri, T., Kojima, A., Matsuzaka, M., Nakaji, S., Sugawara, N… Yamamoto, Y. (2008). Effects of intense exercise on the physiological and mental condition of female university judoists during a training camp. *Journal of Sports Science, 26*(9), 897-904.

• Kendall, L., y Williams, S. J. (2007). Perceptions of elite coaches and sports scientists of the research needs for elite coaching practice. *Journal of Sport Science, 25*, 1577-1586.

• Keizer, H., Kuipers, H., Rietjens, G., y Saris, W. (2001). A reduction in training volume and intensity for 21 days does not impair performance in cyclists. *British Journal of Sports Medicine, 35*(6), 431-434.

• Koceja, D., Raglin, J., y Stager, J. (1996). Mood, neuromuscular function, and performance during training in female swimmers. *Medicine & Science in Sports & Exercise, 28*(3), 372-377.

• Krespi, M., Sporis, G., y Trajkovic, N. (2018). Effects of Two Different Tapering Protocols on Fitness and Physical Match Performance in Elite Junior Soccer Players. *Journal Strenght and Conditioning Research*, doi: 10.1519/JSC.0000000000002861.

• Legaz-Arrese, A. (2012). *Manual de entrenamiento deportivo*. Barcelona: Paidotribo.

• Martin, D., Scifres, J., y Zimmerman, S. (1994). Effects of interval training and a taper on cycling performance and isokinetic leg strenght. *International Journal of Sports Medicine, 15*(8), 485-491.

• Martin, T, Neary, J., y Quinney, H. (2003). Effects of taper on endurance cycling capacity and single muscle fiber properties. *Medicine & Sciene in Sports & Exercise, 35*(11), 1875-1881.

• Milosevic, Z., Ostojic, S., Patrik, D., y Stojanivic, B. (2009). Physiologycal adaptations to 8-week precompetitive training period in elite female judokas. *Medicina dello Sport, 62*(4), 415-424.

• Mujika, I., y Padilla, S. (2000). Detraining loss of training-induced physiological and performance adaptations. Part I. Short-term insufficient training stimulus. *Sports Medicine, 30*(2), 79–87.

• Mujika, I., y Padilla, S. (2003). Scientific Bases for Precompetition Tapering Strategies. *Medicine & Science in Sports & Exercise, 35*(7), 1182-1187.

• Mujika, I. (2010). Intense training: the key to optimal performance before and during the taper. *Scandinavian Journal of Medicine & Science in Sports, 20*(Suppl. 2), 24-31.

• Nishioka, H. (2000). *Judo: Heart & Soul.* California: Ohara.

• Papacosta, E. (2015). *Training, taper and recovery strategies for effective competition performance in judo.* (Tesis doctoral). Loughborough University Institutional Repository.

• Platanov, V. (1984). *El entrenamiento deportivo, teoría y metodología.* Barcelona: Paidotribo.

• Sikorski, W. (2011). New approach to preparation of elite judo athletes to main competition. *Journal of Combat Sports and Martial Arts, 1*(2), 57-60.

• Turner, A. (2011). The Science and Practice of Periodization: A Brief Review. *NCSA-ceu-quizz, 33*(1), 34-46.